Död, begravning och sorg

Dana Hagström

Korrekturläsning: Lisa Hjelm
Fotografier: mostphotos.com

Förlag: BoD – Books on Demand, Stockholm, Sverige
Tryck: BoD – Books on Demand, Norderstedt, Tyskland

ISBN: 978-91-7969654-2

Innehåll

Om den här boken

Den här boken handlar om
vad som händer
när en människa dör.

Boken beskriver hur
en begravning kan gå till i Sverige.

Boken berättar också
om hur det kan kännas
när någon man tycker om har dött.

En del ord i den här boken är svåra.
Dom svåra orden är understrukna.
Det ser ut såhär.

Orden som är understrukna finns förklarade
i en ordlista längst bak i boken.

Ordlistan förklarar många ord som man kan höra
när man pratar om att någon har dött.

Vad betyder det att någon dör?

En person dör
när kroppen är så utsliten,
sjuk eller går sönder så mycket
att den inte går att laga.

När någon dör
slutar alla kroppsdelar hos personen
att fungera.

Hur länge man lever innan man dör är olika.

Alla människor dör.

Man kan dö av sjukdom, av skador
eller för att man är väldigt gammal.

Vad händer när någon är död?

Man brukar säga
att en person är död
när hjärtat i personens kropp har stannat.

Då finns kroppen kvar,
men den fungerar inte längre.

När någon är död
finns personen inte längre.
Kroppen som finns kvar
är som ett tomt skal.

Kroppen känner inget,
för allt på insidan har slutat att fungera.

En läkare måste alltid <u>dödförklara</u>
den som dött.
Det betyder att läkaren kollar
att personen
är död och inte går att laga.

Ibland måste en läkare
göra en <u>obduktion</u> på kroppen.
En obduktion är en undersökning
på den döda kroppen.
Den görs av en läkare
för att ta reda på hur personen dog.

Obduktionen görs alltid på ett sjukhus.

Vad händer med den döda kroppen?

Någon måste ta hand om kroppen
när personen dött.

Den döda kroppen hämtas
av en begravningsentreprenör.
Det är en person som jobbar med
att ta hand om människor som dött.

Först förvaras kroppen i en kista i ett
speciellt kallt rum.
Speciella kalla rum för döda kroppar
finns på sjukhus, i kyrkor och i kapell.

Rummet måste vara kallt
för att kroppen inte ska börja lukta illa
och ruttna.

Den dödas familj bestämmer vad dom vill göra
med den döda kroppen sen.

I Sverige får man välja mellan
att elda upp kroppen så den blir aska
eller gräva ner kistan med hela kroppen i jorden.

Om man eldar upp kroppen till aska
kallas det kremering.
Askan läggs i en urna.
Urnan och askan grävs ner i jorden.
Om man gräver ner hela kroppen och kistan i jorden
kallas det gravsättning.

Så här kan en urna se ut.   *Så här kan en kista se ut.*

Så här kan en gravsättning gå till.

Hur kan jag säga hej då till den som dött?

Det blir en <u>begravning</u>
för den som dött.
Ibland får dom
som vill säga hej då
vara med på begravningen.

Det går också att ordna
en <u>minnesstund</u>
där man träffas,
minns och pratar
om den som dött.

På minnesstunden
kan man ställa fram
ett foto på den som dött
och säga hej då
till fotot.

Det finns människor
som vill se den som dött
en sista gång.
Om man vill se den som dött
måste man fråga den dödas familj
om det är okej.

Ibland vill familjen inte att någon tittar
på den döda kroppen.
Då får man inte se den som dött.
Ibland säger familjen ja.

Vad är en begravning?

En begravning är en träff
för att samlas
och säga hej då
till den som dött.

Ofta bestämmer familjen till den som dött
hur begravningen ska gå till.
Familjen brukar kallas
dom <u>närmast sörjande</u>.

Dom närmast sörjande
bestämmer var och när
begravningen ska vara.

Dom bestämmer vilka
som får vara med
på begravningen.

Begravningen kan till exempel vara
i en <u>kyrka</u>, i en <u>moské</u>, i ett <u>kapell</u>
eller i en gemensamhetslokal.

Oftast är en begravning inomhus,
men det går också bra att ha den utomhus.

Hur vet jag vad jag ska göra på en begravning?

En begravning kan gå till på olika sätt,
men det finns alltid någon
som leder begravningen.
Det kan till exempel vara en <u>präst</u>
eller en <u>begravningsofficiant</u>.

Den som leder begravningen
berättar vad som händer
och vad du ska göra
under begravningen.

Den personen kan också berätta för dig
innan begravningen börjar
hur allt kommer att gå till.

Ibland får man ett <u>program</u>
när man kommer till en begravning.
I programmet står det
vad som kommer att hända
och i vilken ordning det ska göras.

Om du frågar kan du kanske
få besöka platsen
där begravningen ska vara
några dagar innan begravningen.

Det kan kännas skönt
att se platsen i förväg.

På bilden är det en begravning där en urna står framme.

*Personerna som står bakom urnan är med på begravningen
för att säga hej då till den som dött.*

Vad händer på en begravning?

En kista brukar stå framme
under begravningen.
I kistan ligger den dödes kropp.

Ibland står det en urna framme
istället för kista.
I urnan ligger askan
efter den dödes kropp.

Många tar med en blomma
till begravningen.
Den är till den som dött.

Blomman brukar man
gå fram och lägga på kistan eller bredvid urnan.

Den som håller i begravningen
säger till
när det är dags att gå fram
och lämna blomman.

En del människor säger "hej då"
eller något annat
till den som dött
samtidigt som dom lämnar blomman.

Du bestämmer själv om du vill säga något eller inte.

Under begravningen är det vanligt
att sjunga något tillsammans.
Det kan vara en psalm
eller en sång som den som dött gillade.

Det kan kännas skönt att sjunga
fast man är ledsen och gråter.
Då brukar gråten bli mindre.

Oftast spelas några låtar under begravningen.

På begravningen brukar någon
berätta om den som dött.
Det kan handla om
vad den som dött tyckte om
och brukade göra.

Det gör man för att hedra minnet av den som dött.

En begravning brukar inte hålla på
längre än en timme.

På bilden lägger en kvinna en blomma på en kista.

Får man gråta på en begravning?

Dom som är med på en begravning
tyckte om den som dött.
Därför känner dom sig ledsna
att den som dött inte längre finns kvar.

Det är normalt att känna så.

Många gråter under begravningen.
Det får man göra.

Det kan vara bra
att ta med sig några näsdukar
till begravningen.
Om du gråter brukar det kännas skönt
att torka tårarna och snyta sig.

Ibland känns det lite bättre
om man håller någons hand
eller sitter nära någon
man tycker om under begravningen.

Det kan ge tröst.

Ibland kan det kännas bättre att få vara ifred.

Du bestämmer själv vad som känns bäst för dig.

Vad händer efter begravningen?

När begravningen är slut
går alla ut från lokalen tillsammans.

Många vill kramas
eller skaka hand
med de närmast sörjande,
och säga att man är ledsen för att personen har dött.

Dom som har ordnat begravningen
bjuder ibland alla på fika efteråt.
Men ibland åker var och en hem till sig
direkt efter begravningen.

Det kan kännas skönt
att prata med någon efter begravningen
om det som hänt.

Man kan prata om
hur begravningen var.
Man kan berätta om
saker man minns om den som dött.

När begravningen är över
kan man fortfarande känna sig ledsen
och längta efter den som dött.

Det kallas för sorg.

Vad är sorg?

Sorg är ett namn på flera olika känslor
som man kan känna
när någon man tycker om
har dött.

Att "ha sorg"
är ungefär som att ha en sjukdom.
Sorg gör att man inte mår bra.
Men sorg går över.

Det finns ingen medicin som tar bort sorg.

Den här mannen har sorg och gråter.

Hur känns sorg?

När man har sorg
och saknar någon som dött
kan man känna sig ledsen,
trött och arg.

Man kan också känna sig ointresserad
eller inte vilja göra någonting.

Ibland kan humöret växla snabbt.

Vilka känslor man känner
när man har sorg
är olika från person till person.

Alla reagerar och känner på sitt eget sätt.
Det är okej.

Sorg kan kännas jättemycket vissa dagar
och nästan inte alls andra dagar.

Det är bra att gråta
om det känns som att kroppen vill det.

Men det är också okej
att skratta och vara glad.
Det kan kännas skönt och ge energi.

Går sorg över?

Sorg är något som man kan känna
när man upplevt något ledsamt.

Det kommer inte att kännas så i resten av ens liv.
Sorg går över.

Hur länge någon känner sorg är olika
för olika människor.

Man kan fortsätta <u>sakna</u> den som dött
fastän det inte längre känns som sorg.

Den här tjejen saknar personen som är på fotot.

Hur hjälper jag någon som är ledsen?

Det kan kännas skönt
att få sällskap
när man är ledsen.

Ibland kan det vara skönt att få en kram.

Fråga om den som är ledsen
vill ha sällskap
eller vill ha en kram.

Respektera om personen säger nej.

Ibland kan det vara skönt
att få vara ensam.

Det kan kännas bra
att prata om den som dött,
och berätta om minnen
och roliga saker man gjort ihop.

Det är viktigt att respektera
hur någon annan vill få tröst.

Alla är olika
och har rätt att få vara ledsen på sitt sätt.

Ordlista

Aska

Askan är det som finns kvar efter en död person om man kremerat den. Det mesta av askan består av skelettets ben.

Anhörig

En anhörig kan vara en släktning till den som dött. Det kan också vara någon annan som hör ihop med den som dött genom att till exempel vara sambo.

Avliden

"Avliden" är ett annat ord för en död person.

Begravning

En begravning kallas det tillfälle när man samlas för att säga hej då till den som dött.

Begravningsentreprenör

En begravningsentreprenör är en person som jobbar med att ta hand om de som dött. De hjälper bland annat till att ordna med begravning.

Begravningsofficiant

En person som kan leda en begravning brukar kallas för begravningsofficiant.

Bårhus

Ett bårhus är ett kallt rum eller byggnad där döda personers kroppar förvaras innan begravningen.

Död

Någon som inte lever längre är död. En person är död när kroppens hjärta inte fungerar längre.

Dödsfall

Ordet dödsfall betyder att någon har dött.

Dödförklara

En läkare eller domare måste bestämma att någon är död. Det kallas för att dödförklara personen som dött.

Hedra minnet av någon

När man visar uppskattning för den som dött brukar det kallas att man hedrar minnet av hen. Det kan man göra genom att säga något fint, lämna en blomma på kistan eller vid graven. En del ger bort en gåva till någon som behöver för att hedra minnet av den som dött.

Grav

På en begravningsplats eller en kyrkogård finns det gravar. En grav är en grop där man lägger en kista eller urna. Sedan fyller man resten av gropen med jord.

Gravsättning

När man lägger ner en kista i en grav kallas det gravsättning.

Kapell

Ett kapell är en mindre byggnad som tillhör svenska kyrkan. I dom kan man ha en begravning som är religiös eller borgerlig.

Kista

En kista är en låda med ett lock som oftast är gjord i trä. I kistan lägger man den dödas kropp.

Kistbil

En bil som man använder för att köra kistan med kroppen i till bårhus, bisättningsrum och till begravningen kallas för kistbil. Ibland kallas bilen för bårbil eller likbil också.

Kremering

Kremering betyder att man bränner den döda kroppen i ett krematorium så att den blir aska.

Krematorium

Huset där man bränner den döda kroppen kallas för krematorium.

Kyrka

En kyrka är en byggnad där man har gudstjänst, där man kan be och till exempel ha begravningar.

Minneslund

I en minneslund kan man gräva ner urnor av de som dött. Där ligger alla tillsammans istället för i egna gravar.

Minnesstund

En samlingsstund för att hedra en person som dött kallas för minnesstund. Ofta äter man mat eller fikar tillsammans under en minnesstund, och pratar om den som dött.

Moské

En moské är en byggnad där man kan be, ha muslimsk gudstjänst och till exempel ha begravningar.

Närmast sörjande

Som närmast sörjande räknas ofta den som den döda var gift med. Även den dödas föräldrar, barn och syskon, barnbarn och syskonbarn och deras partners räknas till de närmast sörjande. Ibland räknas även andra släktningar.

Närmast sörjande kan också vara såna som den döda inte var släkt med. Till exempel sambo, särbo, partner, extrapappa, styvbarn och plastmorfar.

Obduktion

Ibland gör en läkare en undersökning på den dödas kropp för att ta reda på hur personen dog. Den undersökningen görs på ett sjukhus och kallas för obduktion.

Program

Ett program är ett papper med information om hur och när något ska hända. På en begravning står det i programmet vilka låtar som kommer att spelas, vilka sånger man kan sjunga med i, vilka texter som kommer att läsas och i vilken ordning allt kommer att hända.

Präst

En präst är en titel på en person som är anställd av kyrkan och leder religiösa möten. En präst kan leda en begravning.

Psalm

En sång som finns med i en psalmbok kallas för psalm. Psalmer är tänkta att sjungas tillsammans som allsång. Texterna i psalmerna hör ofta ihop med bibelns texter.

Saknad

Saknad är en känsla vi kan känna när någon som inte finns hos oss. Det kan kännas som om vi längtar efter den som dött.

Sorg

Sorg är en känsla man kan få när någon man tycker om har dött. Sorg kan beskrivas som att man får ont i själen eller hjärtat.

Urna

Urnor brukar vara runda behållare med lock på. I en urna förvaras askan av den dödes kropp.